Poésie Urbaine

AN 7

En mémoire de :

Oncle Anicéto

Grand-mère et Grand-père

Village cérébral

Tu dis que tu m'aime, sais-tu ce que cela veut
dire ?

Je ne fais pas de compromis, lorsqu'il s'agit
d'avenir

Pas de concession, ne laisse rien nous salir

Je suis loin d'être facile, ce n'est pas faute de te
prévenir

Je vise le soleil, mais la lune peut me sied

Nous irons en fusée, en avion ou à pied

Ce n'est pas la destination, mais le voyage

Que l'on s'émerveille, à chaque virage

Ton cérébral village, a été ravagé

Tempêtes et orages, tu as fini par te venger

Le temps de se ranger, construire le socle parfait

Désormais c'est toi et moi, contre ce monde
imparfait

J'aurais confiance en toi jusqu'à ce que tu me
trahisses

Te placerai de l'espoir, jusqu'à ce que je te haïsse

Courageuse et forte, si je te choisi

Pour toi je donnerai tout, jusqu'à ma vie.

Tout est écrit

Les étoiles sont faites de feu

Mon amour est incandescence

Tantôt je vol, tantôt je marche sur des œufs

Tu m'enivre jusqu'à en perdre connaissance

Tous les astres ont été sollicités pour que se rencontrent nos âmes

Comme un choc planétaire réduit à, quelques grammes

Suis-je fou, suis-je malade, suis-je devenu dépendent

Puisque tu es dans le même état, cela me rassure cependant

Dans le mal on s'emballe, impossible de freiner

Destin scellé avec une autre, le ciel va-t-il nous condamner

Est-ce qu'on le peut, est-ce qu'on le doit ?

Vivre notre histoire en dépit de nos courtois ?

Qui y a-t-il de noble dans la souffrance de l'esprit ?

Survivre dans le déni ou vivre dans le mépris ?

Tu mets en contradiction tous ce que j'ai appris

Ensemble, entre mîtes et fables, puisque tout est écrit.

Solitude

Seul,

Tel un cocotier asséché au milieu du désert

Comme une gare dont, nul train ne dessert

Seul,

Dans la noirceur de la nuit, l'inconnu et le bruit

Les épreuves, l'ennui et la lourdeur des ennuis

Seul,

Face à moi-même, ah si les mures pouvaient parler

Si seulement mon matelas, pouvait m'enlacer

Seul,

A se lasser de se laisser procrastiner

A s'enliser dans l'Alysée car trop obstiné

Seul,

Aux sommes, de la pyramide de la gloire

Une bouteille à 37° pour célébrer chaque victoire

Seul,

Tellement bas que même l'échelle repose sur
mon torse

La manche, la honte, la déprave et les entorses

Seul,

Obligé ou, parce qu'il vaut mieux l'être que mal
accompagné

Vaut-il mieux être seul, que mal accompagné ?

Qui ?

La vie est un défi, l'être humain, une défiance

Destin, libre arbitre, chaque choix une déviance

Le lieu, l'école l'environnement sont des variantes

L'intelligence de nos tuteurs demeure ancrée tel des constantes

J'ai pris mon envol, à l'image de l'avion qui décolle

Bravant le vent et l'apesanteur, comme si je perdais la boussole

Entre violence, drogue, inconscience et alcool

Pourtant c'est ceux qu'il fallait, pour mieux m'enraciner au sol

Ancrer tel un chêne impossible à déplacer

Placé au top du top pourtant un autre va te déclasser

Il faut sans cesse apprendre, comprendre et se surpasser

Mais où est la limite, ou est la ligne à ne pas dépasser

Chacun sa croix, se quête, son bout de planète

La route est longue jusqu'à, l'instant où tout s'arrête

Est-ce que tout s'achète ? Est-ce que tout se rénove ?

L'existence est une épreuve, qui peut en apporter la preuve ?

<u>So Proud</u>

Tu es magnifique

Ton visage est mirifique

Tes yeux me captent, telle l'émeraude de Ricord

Je ne te parle même pas de l'insolence de ton
corps

Ta démarche est étincelante

Ta voix est ensorcelante

Naturelle ou brillante, à chaque foi
transcendante

Rien que penser à toi est une jouvence apaisante

Jamais à cours d'argument

Suscite toujours l'engouement

Ton style est à tomber

Il faut être dépourvu de sens pour ne pas y
succomber

Plus intelligente que toute une ligue

Tes lèvres aussi pulpeuses qu'une fraîche figue

Tes traits ont été dessinés par un Dieu

Déposée par un cygne, directement des cieux.

<u>Prolétaire</u>

Les lois sont faites pour être transgressés

La curiosité fait souvent progresser

Le code civil, devrait être dégraissé

Dans ce pays où on se sent, profondément
oppressé

Les interdictions font naître des alternatives

Les alternatives conduisent à la jurisprudence

Les jurisprudences débouchent sur des
exceptions

L'exception échappe à la règle et la règle est
contestable

J'ai vu l'éternité dans un grain de sable

La fin des temps, par le hublot du navire instable

Il y a ceux qui tressent des câbles et ceux qui les
fabriquent

Contraint à faire du fric même là où il n'y a que
des briques

J'aime d'amour car la joie est éphémère

Un chalet au paradis, je veux un manoir en enfer

Donne-moi des armes, je veux faire la guerre

Je veux changer ce destin d'éternel prolétaire

Pétales

En arrivant dans la maison, elle est tombée sur une boite de chocolat.

Ferrero-Gold-Rocher ses préfères alors, elle se jette dessus mais, la boite est vide.

Juste un mot – Rendez-vous sous la pergola

Au dos du post 'It est dessiné, un gros cœur à main levé avec écrit en dégradé, Astrid.

A peine sortie, un bac dissimulé au-dessus de la porte, se retourne et l'arrose.

Des dizaines de petites feuilles, des paillettes et une centaine de pétales de rose.

Elle se retrouve soudain, couverte de confettis à milliers de teintes volant au vent.

Apres-quoi, se révèle à ses yeux, une piste parsemée de rouges fleurs conduisant à une table tout devant.

C'est le feu d'artifice dans la tête de cette demoiselle déjà quasi comblée.

Ses pas la guide vers une assiette sous cloche, verre et champagne parfaitement assemblé

Le sourire qu'elle arbore est si gorgé d'émotion, qu'elle ne peut retenir son cri de joie.

Hurlement d'accomplissement, à la vue de son compagnon, son meilleur ami, son roi.

Il est habillé élégamment pour la circonstance mais le stresse se lit sur son visage.

Elle, les étoiles dans les yeux – Un dîner aux chandelles ! Quelle belle surprise mon amour.

Lui, met un genou à terre prend sa main et lui demande – Voudrais-tu t'unir à moi, pour toujours ?

Heureuse, ses larmes ne peuvent s'empêcher de couler lors qu'elle se blotti dans ses bras – Mariage !!!

Diamant Régent

Sortie de la boite de pandore comme Uma dans
Kill-Bill

Détruit de l'intérieur comme à Tchernobyl

D'une vie tortueuse qui ne t'a pas fait de caresse

Sans répit, sur le qui-vive, tu es toujours en
détresse

Tous les hommes sont des salops, oui je te
l'accorde

Même quand on l'a désirée, on provoque la
discorde

Laisse-moi t'aider à préserver, dans tes pupilles
ce feu ardent

Tu es encore plus belle que le diamant Régent

Noyé dans ton regard je, erre dans ton parfum

Mon cœur joue la chamade, chaque fois que je te croise

J'imagine tes lèvres aux goûts de la bavaroise

Prêt à partir avec toi, dans un voyage sans fin

Ton corps est un rêve qui trouble ma perception

Tes courbes délimitent les lignes de la perfection

Si je te touche, je brûle, m'évapore comme goutte d'eau

Je pers la raison, tu es rentrée dans mon cerveau.

<u>Ne me compare pas à ton ex</u>

Si c'est fini avec ton ex, c'est que ça n'a pas collé

Convergence, divergence puis tout s'est envolé

Unilatérale ou accord commun, il y a eu rupture

Assure-toi que cela ne soit pas qu'une coupure

Nous deux tel une évidence, inséparable

L'horloge nous met à l'épreuve, imparable

Laisse-les chercher, parler, incomparable

Foudre et ouragan, notre duo est imperméable

Mes sorties entre potes, ne sont pas des prétextes

Je ne vais pas te tromper, peu importe le contexte

Ce n'est pas par possession, que je nous veux sous le même toit

Alors ne te bride pas, lorsque je suis loin de toi

Parce qu'on se confie l'un a l'autre, en confiance

On compte l'un sur l'autre, sans méfiance

Même quand cela est difficile, bienveillance

Consolidons notre histoire, alliance.

Mon cœur saigne

Pourquoi tu pleures, si c'est toi qui pars

Reste et vivons, dans notre monde à part

Aucune idéologie ne devrait séparer les cœurs

Aucune utopie sur le pont des âmes sœurs

La foi, la peur, l'idolâtrie, l'innocence

Le monde de Dieu, le monde de la science

Qui as raison, qui est dans l'ignorance

Une question demeure, a-t 'on conscience de notre chance ?

Bien sûr il faut cesser, ces batailles silencieuses

Je ne suis pas pieux, tu es religieuse

Cela n'enlève pas, les valeurs de la personne

Cela n'amoindrit pas, l'intérieur voix qui résonne

J'accepte tes croyances, tes différences et tes pratiques

Tu rejette ce que je suis, ce en quoi je crois et mon étique

Peu importe qui de nous, finalement est hérétique

J'aurais voulu que l'amour, triomphe de la politique.

Méduse

On s'était juré pour la vie, on s'était juré
partenaire

Alors qu'on se croyait, à l'abri dans notre bunker

La foudre a eu raison de notre paratonnerre

Le sors a frappé notre instinct le plus primaire

J'ai déposé mes armes à l'entrée de ton cœur

Adouci mes heurs à l'orée de tes rancœurs

Abstrait mon passé, en dépit de tes peurs

Je laisse grandir ton monde conscient que le
mien, se meure

Naïveté par amour, est-ce une bonne excuse

Oisiveté par orgueil, prédatrice Méduse

Aveugle sentiment, qu'a accepté se refuse

Amer sera le goût de cette humiliation recluse

1, 2 puis 3 sous la coupe de l'ivresse

Cela fait trop, pour faire croire au cri de détresse

Poitrine ouverte sans anesthésie, je t'ai montré mon âme

Que vais-je devenir, milieu d'océan sans rame.

Magique

Ce qui nous arrive est plus fort que moi

Relation d'intensité bien plus forte que toi

Émotions haute tension, bien plus forte que nous

Notre amour décidément, est plus fort que tout

Jamais, jamais je ne m'étais senti aussi bien

Nos deux mondes en fusion, pour n'en faire
qu'un

La terre, le ciel, tous les étoiles en harmonie

Chaque regard, chaque touché, tel une royale
cérémonie

Si seulement l'univers, pouvait se figer un instant

Si seulement nous pouvions, vivre hors du temps

Loin de cette réalité et ces érosions naturelles

Vivons en lévitations, à la frontière du réel

Mon cœur, mon souffle, mon extasie

Nous traverserons l'Europe, l'Afrique même l'Asie

Sous le halo solaire ou la lumière d'une bougie

Ce qui nous arrive n'est pas banal, c'est de la magie.

<u>Les larmes de la louve</u>

Entre le ciel et la terre dans sa place démone

C'est corps et âme qu'à chaque fois, elle se
démène

Entre lions et tigres qui croient qu'ils dominent

Toujours prête à exploser tel un champ de mine

Ses fils sont en plein, crise de l'adolescence

Son mari traverse l'angoisse de la quarantaine

Son père réalise sa programmée obsolescence

Quand le Covid décime, ses amies par dizaine

Tandis que la ménopause se trouve juste derrière
la porte

Au travail les bruits, de couloir se colportent

Car la jeune génération se présente comme la
relève

Elle doit demeurer au top, car son combat n'a pas
de trêve

Tous ces soucis dans la tête, sont cause
d'insomnies

Solitaire, solidaire se plaindre est ignominie

Elle qui rêvait d'une existence dorée

Alors tard le soir, la louve s'isole pour pleurer

Irrationnelle

L'amour est un état de soumission volontaire
(lucide)

Qui peut être involontaire quand elle découle de
l'innocence (maladie)

C'est un état confortable dans lequel on se
drogue

Un état volontaire dans lequel on se drague

L'amour est un mirage dans le costume de
l'espoir

Un légume qui se consume et pourrit dans le
potager

L'amour est un doux mensonge dont on aime
l'histoire

Le fruit de la fleur, la plus intense à partager

Irritant quand je suis dépendent d'une
dépendance

L'âme jubile lorsque le cœur danse

Le corps pleure l'activité à outrance

L'esprit ressasse la perspective de souffrance

Enfaîte, quand je t'aime c'est moi que j'aime
mais, notre histoire sera mensonge jusqu'à ce
que mon ego soit heurté.

Quand je t'aime, ce n'est pas toi que j'aime.
J'aime juste la façon dont j'aimerais que tu
m'aime.

Si je t'aime vraiment, je t'aime en tant qu'être et
je t'accepte comme tu es.

Comme tu seras et comme tu ne seras pas

Quand tu seras et quand tu ne seras pas

Mais toi ! Comment m'aimes-tu ?

<u>Les dents de fer</u>

Je regarde ce monde, par une fenêtre dans le salon

Je vois la haine, l'intolérance et les violons

Propagation de propagande a proportion proéminente

Excès de nombrilisme en mouvement permanente

La voix des extrêmes se déployer en silence

Religion, politique lobbysme et finance

Des dents de fer à l'épreuve des mensonges

Égoïsme et chauvinisme qui, peut a peut nous rongent

Se repentir au bord d'un gouffre sans fond

La sagesse ou la furie vers une violence sans nom

Si la planète flambe la période est charnière

Qui se ressemble s'assemble, qui se déteste se
fait la guerre

Tous ce qui est fait, doit être fait de façon
séduisante

Parce qu'il faut être visible, il faut être attirante

Le délire est gigantesque mais qui, voit la dérive

Ceux qui tiennent la manette, sont de l'autre
côté de la rive

<u>Paroxysme</u>

Je t'aime à la folie mais ma folie se limite à toi

Tu es mon souffle, mon repère, mon île
paradisiaque

Ma boussole, en même temps, mon désarroi

Si tu es l'écliptique, je t'aime en 12 signes du
zodiaque

A l'épreuve de la croix, les lois et la gravité

Je te cherche depuis toujours, depuis l'éternité

Ce qui m'a traversé, était de l'électricité

Le courant de la vie, la décharge de la vérité

L'étincelle, éteint celle, de la mauvaise langue

Ils nous la souhaitent, belle, prospère et longue

Mais désirent nous voir séparés, à se faire la guerre

On fera mentir leur espérance, médisance, leur prière

Pardonne-moi si des-fois, c'est la folie qui me frise

J'admire la clairvoyance, qui te caractérise

Maîtrise, emprise, crise et surprise

Avec toi, le paroxysme, de mes rêves je réalise

<u>Je suis</u>

J'ai ouvert les yeux, titubé puis marché

Assimilé, mimé, tâtonné puis parlé

J'ai appris sans comprendre, compris sans
apprendre

Pris ce qu'il y avait à prendre sachant que je
devrais tout rendre

Quand la liberté ne correspond plus à sa propre
définition

Mes pensées s'entrechoquent dans les méandres
d'une éternelle destruction

Obéir aux lois et leurs contradictions

Fatigué de la morale et sa contre-indication

Quand est-il de ces années d'instructions
institutionnelles

Éducation, construction, ou conditionnement
émotionnelle

Tout cela pour survivre, tel un félin Puma

Qui ne tient pas debout, car la terre coule sous
ses pas

Je ne vois pas le bout, l'œil voilé sous des
chiffres

Impôt, loyer, eau et bientôt l'air pour vivre

En léthargie jusqu'à n'être plus qu'un dossier

Est-ce que je serais, lorsque de moi poussera le
rosier ?

Le temps me dessine au grès de l'ombre et de la
lumière

Je perds de plus en plus de feuilles tel un arbre
centenaire

Mémoire de l'inconscient, ne veut pas finir au
cimetière

Jeter moi en l'air, au-dessus de la terre, par-delà
les mers, élément quaternaire

Éternel

Le champ de la victoire

La chanson de la gloire

Je danse la joie

Je fête le choix

Je suis heureux

Je suis lumineux

C'est ma tourné

C'est moi qui régale

Les meilleures blagues

Les plus belles boutades

L'idéale fournée

C'est moi qui rigole

La magie et la classe

Ici tout se passe

L'osmose, l'alchimie

Je vie ma meilleur vie

Mon toi

Jamais je ne t'échangerais avec personne

Mon amour n'est que toi

N'est que pour toi

Je m'abandonne

Le sentiment est un désir, qu'on demande

Subit ou savouré, une balade

Consenti oui assumé, une grenade

Sur le quai ou dans le train, le chaos et la
tourmente

Le mien n'a pas de limite, amitié

Il n'a pas de cadre, post-scriptum

Dépourvu de toute griffure, post –atome

Dans tout son étendu, habité

Il n'a pas de raison, dans sa raison

Plus de cloison, Pantone explosions

Irrésistible son, qui inspire les chansons

Notre horizon, tu es ma maison

J'ai embrassé la fiancée de Jai-z

Mon fils de 3 ans et moi, étions dans la voiture, direction Paris.

Lorsque nous sommes arrivés, la soirée battait son plein.

En haut de l'escalier, nous pouvions à peine apercevoir une star ultra sélecte, ultra connu sur le devant la foule.

Des personnes, toutes habillées pour la circonstance, se tenaient à la file indienne puis elles se faisaient remettre un sachet bariolé de gris sur le dominant d'un magnifique bleue.

Sur la petite seine un peu plus en retrait, une femme chantait une balade envoûtante.

Sa voix était suave, savoureuse, tellement jolie, que tous les deux, ne disions mot. A ce moment-là, un irritant est venu chuchoter à mes oreilles <<ne rêvez pas, vous n'irez pas plus loin et n'espérez même pas vous approcher pour recevoir des cadeaux>>.

Quelques heures plus tard, nous, nous sommes retrouvés sur une esplanade montante, puis sur une place dominant toute la ville, au soleil couchant. Mon petit me disait <<tu as entendu, ils ont dit mon nom, mais qui a le même prénom que moi papa ?>>. A ce moment-là, une silhouette est apparue au loin.

Aussi belle qu'un oiseau magistral, plus magnifique que dans mes pensées les plus filmographiques. La voilà, son identité s'affirme au gré de sa divine démarche, elle progresse jusqu'à nous puis s'arrête.

J'avais un genou à terre, car je m'étais mis à la hauteur de mon enfant pour lui parler, elle fit de même pour lui déposer un baisé sur le front. Nos regards se croisent alors, inévitablement à l'instant même où elle me dit <<tu en veux un aussi ? >>

Que vais 'je oser répondre, 'bien sûre que OUI', hurla ma voix intérieure. Mais avec tact et non sans à un grand sourire, j'ai répondu

<<évidemment>>.

Elle caresse alors ma joue de ses lèvres indescriptiblement douce puis dans le mouvement de recule de sa tête nos yeux, se sont plongés littéralement, les uns dans les autres.

Ma bouche, sentait la chaleur de la sienne, mon rythme cardiaque, montait en tension, mon souffle, sur le point de s'enflammer lorsqu'elle me choque d'un geste, incroyablement délicat.

Nous nous sommes embrassés comme pris d'une extrême passion. Ma langue tournait dans une bouche ou nulle autre sensation, ne sera similaire, aussi bonne, aussi langoureuse, aussi apaisante.

Bien sûr, son garde du corps, celui la même, qui m'avait obtenu un pass pour cette soirée très privée, surgissait à grandes enjambées de nulle part pour nous séparer me disant <<mais tu es fou, elle est fiancée !!! Attendez-moi là je reviens>>.

A son retour, après avoir éloigné de moi, celle
qui en quelques secondes m'avait permis
d'attendre un instant de perfection, me faisait la
morale, voulant me faire culpabiliser d'avoir failli
lui faire perdre son travail.

Je me suis excusé mais à l'intérieur de moi, je
rêvais encore l'instant mémorable me demandent
'par quel moyen vais-je pouvoir, de nouveau
l'approcher ?...

<u>Haine</u>

45

Si ton chéri t'insulte, ce n'est pas de l'amour

Si, il te rabaisse, ce n'est pas de l'amour

S'il t'humilie, ce n'est pas de l'affection

Si, il lève la main sur toi, c'est carrément de la
haine

Il y aura toujours des problèmes dans un couple

Quoi de plus normal, nous apprenons à nous
connaître

Des erreurs chacun de nous, allons en commettre

Devant le pire des affronts, il faut savoir rester
souple

Ne me fait pas, ce que tu n'aimerais pas que je te fasse

Ramassons ensemble les morceaux, si le verre se casse

Tu me pousseras à bout, ce jour, respecte mon silence

Je te pousserais à la faute, pardonne mon impudence

Parce que l'amour est un combat, une guerre civile

On devrait tous se prouver le minimum civique

L'amour c'est l'union, la tolérance et le partage

Entraide, gueulade, conciliation et héritage

Si ton conjoint t'isole, t'éloigne de ta famille

T'interdit de voir tes amis ou qu'il dicte ta conduite

S'il est trop !!!, n'oublie pas que trop c'est trop

Parle s'en avec lui, si cela est trop tard Alerte, demande conseil.

#panamecityhéros

Grand père

Tu t'es éteint paisiblement à l'image de ta
sagesse

Vide, manque, immense tristesse

Tu n'imagines pas, cette douleur qui m'anéanti

On m'a arraché le cœur et on m'a dit, c'est ainsi

Les larmes du soleil caressent mes jougs

Je me rappel quand tu disais, 'laisse-le, il joue'

Ta liberté d'esprit à l'image des nuages

Au-dessus des continents, comme oiseau sauvage

Si tu me voyais, tu serais fier de moi

J'écris, je chante, je suis apaisé

Je dirige une entreprise et plus de trente
employés

Mon corps est en France mais mon cœur est là-
bas

Ton visage s'efface peu à peu de ma mémoire

Lorsque je ferme les yeux, j'ai peur de ne plus te
voir

J'espère que l'endroit où tu es, est dépourvu de
tout ennui

Animaux, nature, beau temps et chaude pluie

<u>Flamme</u>

Cesse de me torturer, sublimissime

De me faire languir, inaccessible

Prête-moi attention, millésime

Dis-moi oui ou dis-moi non, irrésistible

De la magie dans l'air de ton espace vital

Ton sourire est contagieux, il est viral

Exotique tournesol, stimuli sensoriels

Rien qu'en pensent à toi j'ai le, smille jusqu'aux oreilles

Caviar, champagne et feu d'artifice

Combien d'épreuves, d'insomnie et de cicatrices

Tu m'as dit ne pas avoir, besoin d'édifice

Juste envie de changé, cette vie de sacrifice

Ouvre-moi ta porte, ouvre ton univers

Que nos destins se lient, tous deux unis vers

L'avenir que ce soit, pour le pire ou le meilleur

Viens prendre cette flamme qui me brûle de
l'intérieur

<u>Fatalité</u>

Cours, car le temps ne t'attendra pas

Fait vite, le bus est déjà en bas

Sois à jour dans tes cours, dans tes leçons, ton
apprentissage

Sage mais sauvage, fait de ta vie un long métrage

Cours derrière la musique, cavale devant la
mathématique

Rigole pour faire semblant d'avoir compris la
thématique

Intéresse-toi à l'actualité, pour faire croire que tu
es éthique

Avale les torchons médiatiques, car tu aimes la
politique

Apprend à dire la vérité, mensonge par omission

L'eau plutôt que le sang, la liberté n'est
qu'illusion

Lave, irruption, catastrophe annoncée

Vite fait un enfant, annonce que tu es fiancé

Parce que machinalement, il faut cocher chaque
étape

Avant que ton corps, tes réflexes et ta raison ne
t'échappe

Dépêche, avant que sur toi le sors ne mette la
grappe

Cours avant, que la mort ne t'attrape

EX

Par cette lettre je te confirmer, que c'est bien fini

Ne revient pas et n'attend pas, que je revienne

L'éternité et bien plus, on s'était promis

Nos tentatives malheureusement sont toutes,
restées vaines

Un lion a besoin d'une lionne à hauteur des
circonstances

Dans mon corps, dans mes veines mais ce n'est
pas l'opulence

J'ai voulu te propulser, tu as voulu m'asservir

J'aurais aimé te voir briller, m'isoler étais ton
désir

Nous étions comme volcan, au bord de l'éruption

Délire, jalousie, folie, fracturation

Tu étais l'illusion de la femme de ma vie

Le rêve terminé, tu es le drame de ma vie

Ça me fait mal de dire cela

Ça me blesse de penser ainsi

Mais nous avons trop essayé

Autant de fois, insisté

Je t'aime plus que ma propre personne

Je me déteste pour les pensées que dans ma tête
résonnent

Je romps ma promesse d'être à toi pour toujours

Je te souhaite le meilleur, avec tout mon amour

<u>Ego-trip I</u>

L'humanité est partie, dans le nectar de mes
larmes

J'utilise le mensonge la force ou le sarcasme

S'il y avait un bouton rouge j'aurais déclenché
l'alarme

Les guerres ne se gagnent plus avec le feu des
armes

La violence verbale, ravage plus que le nucléaire

Chantage, menace, ou être nue aux claires

On t'éclate le tympan, si tu bouges une oreille

Picasso peint un trou du cul, tout le monde dirait
que c'est un soleil

Il n'y a plus d'espoir dans le regard du nourrisson

Paris c'est B13 comme le métrage de Luc Besson

Qui va bientôt craquer comme Jurassic de
Spiellberg

Il n'y a plus d'annotation, plus rien à mettre en
exergue

Quand est-il d'un peuple qui ne sait plus
comment rire

Je me demande ce qui est plus louable, entre
vivre et mourir

On ne m'a pas appris quand, il fallait marcher ou
courir

Une existence à souffrir, toute une vie à fuir

Qui es-tu ?

Au fond de la discothèque, espace semi tamisé

Un visage, une silhouette, une pure princesse

J'imagine sa voix, son touché, sa délicatesse

Elle m'appel, m'attire, je suis hypnotisé

Son sourire assumé éclatant comme cristal

Ses yeux de chat brillent tel le phare de Créac'h

Ses cheveux sont dressés comme secoué par le mistral

J'ouvrirais son cœur avec une clé ou un cric

Ses mains sur mes épaules, les miennes sur ses
anches

Féline est la façon, dont elle se déhanche

Je rêve que cette musique, dure pour toujours

Comme seuls sur la piste, seuls sur notre tour

Elle ondule ses ardeurs à l'image d'un serpent

Elle bouge, elle danse, comme illusion
envoûtante

M'enroule, m'en lasse, et tient ma vie en suspend

Le feu est attisé, somptuosité hardant

Covid 19

Virus Corona, d'où viens-tu ?

Ou vas-tu ?

Que veux-tu de nous ?

Quelle leçon devons-nous tirer de ta
dévastation ?

Quelle conclusion devons-nous en tirer, de ta
gestation ?

Les nations s'affolent et le médiats s'en raffolent

Plus personnes ne rigolent, les statistiques
deviennent folles

Le monde entier dans une course sur des
moignons

Salade, tomate, exit les oignons

Nul n'est en sécurité, nulle part

Entre un masque et la liberté, se dresse le

rempart

Sauvons-nous des vies, ou retardons-nous
l'inévitable ?

Est-ce que tout cela, aurait pu être évitable ?

La peur de l'invisible, atmosphère palpable

Fracture imprévisible, nature incroyable

Tous devenu des experts, à la place des
virologues

La vérité se perd à en devenir des prologues

Il n'y a plus de lucidité, plus de dialogue

Restaurez le camp de base pour 8 milliards de
psychologues

Voilà que la Russie Attaque L'Ukraine

Guerre ignominie, infamie, haine

Le monde est, au bord du précipice

Dictature, Monarchie, impuissante justice

Carbonisé II

L'humanité est partie, dans le nectar de mes
larmes

J'use la ruse la sournoiserie ou le sarcasme

S'il y avait un bouton rouge j'aurais déclenché
l'alarme

Une guerre se gagne avec la ruse et des armes

La violence verbale, ravage plus que le nucléaire

Chantage, menace, Femen seins en l'air

Quand Gainsbourg est insultant, bien sûr c'est de
l'art

Les mêmes mots, par Joé-star, cela devient tout
une histoire

Quelle perte pour le monde si j'écrase un
hérisson ?

Il n'y a plus d'espoir dans le regard du nourrisson

Paris c'est New York sous l'égide Indépendance
day

Qui va bientôt craquer si tu retarde le jour de
paie

Qu'adviendra-t-il d'un peuple, qui sourit jaune

Confinement, vaccin, passe et sanitaire jauge

Suis-je le résistent ou celui qui mets en danger

Il y a ceux qui ont subi et ceux qui ont engrangés

Attraction naturelle

Tu es entrée dans un mood, totalement ruiné

Cœur de pierre, trop fière, extrêmement abîmé

Dure comme fer, caractère chevronné

Le terrain était miné mais tu étais déterminée

Sans forcer, sans prétention, tu as été patiente

Pour apprivoiser la bête tu as été pertinente

Calme, souriante, tu as apaisé mes tourmentes

J'aime quand tu m'épie, j'admire lorsque tu chante

Je suis mort deux fois, me tueras-tu encore ?

L'esprit et le corps, ne reste que mon âme

Depuis la réanimation, mon cœur bat fort

Pour toi je traverserais, l'atlantique à la rame

Tu as fait naître en moi un frisson vertigineux

Pas besoin de parler, pas besoin de signaux

Tu me connais mieux que personne, je ne peux me résigner

Tu me manque bien plus que je n'aurais pu imaginer

<u>AN 7</u>

Cadet de parents qui ont eu dix enfants

Rude concurrence pour exister et faire ta place

Toutes et tous se démenaient, tels des éléphants

Il te fallait un bouclier, des armes et une
carapace

Dans la course à la connerie, tu n'étais pas en
reste

Ados terrible, homme solide, mais trop de poids
en leste

Insoumis, incompris, quelqu'un d'à part

Dévasté par l'alcool, la solitude la mise à l'écart

Tu rêvais de l'étranger, la France l'eldorado

Arrivé dans la jungle urbaine, choc du métro
boulot, dodo

Plus d'amis, plus de famille plus de repère
psychologique

Ton éducation, tes certitudes, dans un monde

illogique

Folie, addiction, dans l'errance et le doute

Destin brisé dans un accident de la route

Tu es l'oncle le plus, généreux que j'ai connu

Je voulais juste te remercier, de m'avoir soutenu

Aniceto Lopes Fernandes, paix a ton âme

<<Aucun gars du village, ne sait travailler mieux que moi…

Je ne suis pas fou, je sais plus de choses que tout le monde ici…

Ils m'ont poursuivi, ils m'ont traqué durant tout le chemin

Ne t'inquiète pas pour moi Tony, je n'ai peur de personne…

Tient, c'est pour t'aider à payer ton permis puisque personne ne t'aide>>

Accompli

On dit que l'amour parfait n'existe pas

Ceux qui le disent ne l'on peut être pas vécu !

Ceux qui le disent ne sont peut-être, que des dessus !

Ou bien, leur conception de l'amour, est différent de leur partenaire

Leur vision de la perfection, est sans doute, trop binaire

Avant de te connaître je t'imaginais, esprit guerrier.

Dont la beauté n'a d'égale, que ta force de caractère à l'épreuve d'acier

Des sentiments si grands pourtant, réservé qu'à l'élu de ton cœur

Parce que c'est réciproque, pour toi je vie, pour toi je meure

Sans foi, ni loi, haut de la des barrières

100 fois on ira, par de là les bannières

Toi et moi ensemble comme le ciel et la terre

Contre vents et marrées, insubmersible à chaque
guerre

Je me souviens de notre rencontre tel un chef
d'œuvre achevé

Complétude absolu, âme sœur archivé

Parfait, ça ne le sera sûrement pas tout le temps

Mais de temps en temps, cela me comble,
amplement

Cœur brisé

Regarde-moi, regarde-moi

Je suis devenu, comme tu me voulais

Je suis méconnu, comme tu le voulais

Mais finalement, pas comme tu le désirais

J'ai pris la terre, j'ai retourné les cieux

Villa à Madère, Il n'y a plus de contentieux

J'ai décroché la lune, pour tes beaux yeux

Mais pour toi je n'ai pas, été assez soyeux

Tu m'as promis amour, espoir, fidélité

Je suis un gosse moi, qui croie à l'éternité

Je suis perdu b, b je n'ai plus pieds

Je suis perdu, éperdument contrarié

Regarde-moi, une dernière fois

Dis le mois, d'une dernière voix

Il n'y a plus de nous, il n'a plus d'émoi

Tu ne m'aime plus, que tu ne m'aime pas

Écorché

La misère, la pauvreté, le manque d'essence vitale

J'ai faim, froid, le désespoir s'installe

Un ventre qui gargouille comme tambour joue la timbale

Triste, tiraillé, qu'est-ce que j'ai mal

Compassion certains disent, je te comprends

Hallucination lorsque j'entends, tiens prend

Tu ne peux pas imaginer, sans le vivre

Tantôt dans les nuages, tantôt je deviens ivre

Les étoiles, la tête qui tourne, dans les pommes
tu tombes

Un verre d'eau sucré, tu surgis de ta tombe

A ceux qui disent que dans ce monde, il suffit
d'être visionnaire

Pourquoi moi je n'ai rien, alors que d'autres sont
millionnaires

J'en veux au monde, au sort a celui qui distribue
les cartes

La haine, la colère, de mes valeurs je m'écarte

Rien à battre de vos lois, vos cadres, vos chartes

Ouvrez la cellule, il faut que je parte

Lumière de vie

Une bougie vient de s'éteindre

Le vent a dû souffler trop fort

Soudain, ce n'est plus le même décor

Je réalise que, c'est toi qui rendais à ma vie, sa belle étreinte

Elle est partie, sans prévenir personne

Noirceur, ténèbres, vide abyssale

La lune éclaircie depuis, mais tout est sale

Tu me manque, me comble, me désarçonne

Dans ta tour de cire, ta danse durait des heures

Jaune, boréale, bleu incandescente

Milles nuances d'éclats, de teintes, d'innocence

Tu maintenais une flame, infini à mes humeurs

J'ai froid, de ne plus sentir ta chaleur

J'ai mal, une partie de moi ce meure

Ce qui restera de toi, une éternelle ardeur

Chaque jour, j'airai, irriguer tes fleurs

Volonté de faire

Attends-moi

Je pars pour un temps indéfini

Mais sache que pour moi, ça ne sera jamais fini

Attends-moi

Je penserais à toi à chaque instant

Mon cœur, mon âme, mon instinct

Tellement habitué, comme si je t'ai toujours connu

Non, je ne me laisserais pas, séduire par un inconnu

Nous avons traversé l'extrême, main dans la main

Nos promesses d'hier, aujourd'hui et pour
demain

Plus qu'un pacte, plus qu'une raison

Je reviendrais, peu importe la saison

Toutes les rumeurs, ne seront que des ragots

Nous serons plus fort que le temps, les haltères
nos égos

Je sais que ta volonté, peut plier le métal

Additionné a la mienne, elles briseraient le
cristal

Partie Rap

La musique est un remède qui stimule l'âme

Les mots sont, des émotions magiques tel le sésame

La Variété, la Pop, le Hip Hop et le Rock

Gospel, Raï, Jazz, Reggae…

J'aime les belles phrases, les phrasés quand ça rime

Que les textes résonnent haut de la des hymnes

Ego trip, freestyle, commercial ou conscient.

Nous sommes tous poétique mais personne n'est t'omniscient

Dans notre faiblesse se cache nos sensibilités

La force de l'humanité, dans notre fragilité

L'art ultime, est la musicalité

Dans ta dimension, je quitte la réalité

Ces couplés de 8 à 32 mesures sont à poser au millimètre, de façon chirurgicale pour offrir la quintessence de chaque mot.

Ils sont à rapper calmement et de façon très appuyée. Il faut aussi bien articuler sur les finitions afin de ressortir la quintessence des syllabes. Sur instrumental à BPM rapide ou classique, **à toi de jouer**…

<u>Tueur à Gage</u>

Je grandis à chaque pas, un peu comme un
cyclone

Des milliers de soldats, à la place des neurones

Tempête du désert, appel moi nomade

Prêt à exploser, un peu comme une grenade

Meilleur poids léger, dans ma catégorie

K.O abrégé, c'est mon côté gorille

J'arrive comme un camion, qui défonce les
barrages

Si tu sens que ça pète, ne reste pas dans les
parages

Va chercher mes clips, dans le rayon tuerie

Mon son est en vente, dans toutes les armureries

Classer hors gamme, hors Game, hors gabarie

Je te dis, je ne blague pas, façon, black Donéli

Ce qu'il faut faire je fais, comme un chef de troupe

Coléoptère, quand il y a danger on se regroupe

Vivre avec honneur, périr en guerrier

Pour les criminels, il n'y a pas de jour férié

Toujours en action, appel moi Freeman

Silence assassin, appel moi Hitman

Mon rap peut prendre Monaco en otage

Donne-moi un contrat, je suis un tueur à gage

L'étendard

Annonce mon blase comme avant un combat

Roi sans couronne comme le Che à cuba

Challenger au titre quand je monte sur ce ring

Frappe de Mohammed, stylo -- Stéphane King

C'est un nouveau langage, un nouveau script

Nouvel outrage, ouvrage compte de la crypte

Tu peux chercher, Est ou West Sid-story

Je n'entre dans, aucune de vos théories

Les faibles sont de sorti comme à la mort de
2pack

Tout est permis, rappent comme des trous de
bals

Ramassez vos cojones, sautez par la fenêtre

Donne-moi un mic, Bob Marley je fais renaître

Je porte l'étendard de l'art des insoumis

A l'heure ou le rap est comme la schneck a
Katsumi

Bannière sur l'épaule, marche vers le Pôle

Marche sur ton crane, on s'en-fout de ton rôle

Hard

Je fais du rap moi à la hauteur d'un braquage

Instru tuerie, qui donne envie de carnage

A 200 a l'heure, les roues coller au virage-

Tu sais pour mes démarrages, pas besoin de
préchauffage

Écris pour empêcher les jeunes de s'engouffrer

Éviter les conflits puis la prison bêtement

Mais je reste à jamais, un rimeur étouffé-

Dans les rues de ma ville entres les bâtiments.

Je pose, je, ose, m'amuse oué j'improvise

Écris la flamme, l'étoile est ce que je vise

Relate les faits d'hivers pendant que la terre
tremble

Diffuse des mots d'espoirs, de janvier à
décembre

Mes lettres sont les fumées sorties d'un bas-
tosse

Tellement de punchs-line, que même les basses
toussent

Performance ambition, ne cherche pas le confort

Que tu y trouve ton compte quand je baisse les
stores

J'ai besoin de son, comme vampire a besoin de sang

Avide d'espoir, d'émotion et de sentiment

Je rap le cœur ouvert comme les portes de l'océan

Tu peux y plonger BB, c'est le néant

J'arrive en paix, non ne me teste pas

Débarque en furie, ne me déteste pas

2eme nom tuerie, défonce l'armurerie

Je t'ai dit, je ne joue pas, crec, crec pahhh

Le sol s'allume, le marteau et l'enclume

Léger comme une plume, tu deviens quand je
t'allume

Bah oui, nourris au sum, parmi ceux qui
assument

Tu ne te relèveras pas, j't'assomme pas, j'te fume

C'est mon nom, bah oui ça résonne

Brille comme le soleil, hard qui rayonne

Toxique tel un psychiatre manipulateur

Danger tel une bombe, manipuler à tort

Kiubi

Ma frappe est interstellaire, Appel moi Itler

Si c'est une bombe, ogive nucléaire

C'est de la musique, le nom c'est Mozart

Rendez à César, ce qui appartient à César

Chirurgical phase, des mines entre les phrases

Coché la bonne case, bah oui t'es en extase

Pas un kiqeur d'occase, ni de ceux qu'on s'écrase

Mélange explosif, c'est toute ta ville oui je rase

Amène-moi un bœuf, parce que j'ai la dalle

Amenez moi kiuby, que je le raa-fale

L'averse, tu avale, amont et en aval

Héros et méchant, je suis le bien, je suis mal.

J'ai l'artillerie, du Dark Knight rises

Diesel fioul bah oui que pour les braves

S'il vous plaît mon Dieu, ne briser pas mes rêves

J'irais au bout, même s'il faut que je crève

CRErrrrrrrrrrrr

Localisé dans le 93 mais je suis à Genève

M'endors chez Ibis a Etap je me lève

Débarque tard ou tôt, échange puis me tire

Laisse ça sur messagerie, je suis dans un stand de
tire

Un businessman, je ne fais pas de trafique

A pied en l'air ou au milieu du trafic

Je dessine ma life, il n'y a rien de magique

La fin serra glorieuse, heureuse ou tragique

In-tra-ça-ble, comme Wilis brouce

Toujours en vitesse, des hooligans à mes trousses

Porter disparue, tu peux me nommer lost

Mon principal phone se balade chez chrono post

Comme TF1, je gère des millions

Pareil qu'en formule 1, transfère des millions

Wented transaction hors contrôle ça dérange

L'état ne légalise que le business qui l'arrange

Ma Batmobile navigue sous goudrons

Armé jusqu'au coup coquille et plastron

Balisée ils veulent savoir ou est-ce que je me
trouve

Sur écoute, veulent savoir pourquoi je m'y trouve

Tu veux garder un secret, ne le dis à personne

Apprend à fermer ta bouche, il en dépend de ta
personne

La prison, les grosse liasses, fusillades se la ra-
compter

Les vrais gangsters n'ont plus rien à prouver

Localiser sur Paris, mais je suis à Miami

Je marche en solo ne viens pas faire ami, ami

Parle cash lingot puis trace ta route

Le temps c'est de l'argent et l'argent n'est jamais
acquis

Freestyle

Pas d'entraînement, jamais eu de coaching

Réveil brutal, directement sur le ring

On ne nous a pas, appris à se battre

Permanente adaptation pour ne pas se faire
abattre

C'est la guerre, oui c'est la guerre

Misère et humiliation parce-que c'est nécessaire

C'est frère contre frère, pas de sabre laser

Reste à terre, laisse-moi faire ou dégaine ton
winchester

Tir ou tu te fais tirer, ne crois pas que tu connais
tout

La vie, les vices le sexe tu es au bout

Fuck la dramaturgie, tu n'as pas la corde au-cou

Celui qui gagne, c'est celui qui a les illecou
(couilles)

La vie te prend, t'apprend, te brise et t'achève

Il y a ceux qui se noient, et ceux qui se relèvent

Toujours le poing en l'air comme l'antenne de la tour Eiffel

Explosif cocktail, allez viens on fait la belle.

<u>Y</u>

Génération digital, génération Y

Macdo, Waffle, génération grecque

Sois-tu es homo, soit tu t'es converti

Pourtant issue, d'un peuple averti

Il n'y a pas d'individuel, plus d'individu

Se croit authentique mais ne sont que des vendus

Plus de valeurs dans les choses, que dans les causes

Chacun veut sa somme, chacun veut sa dose.

Il n'y a plus d'humanité, fausse unité

Fausse vérité, fausse divinité

Croire au miracle c'est comme croire à l'irréelle

Avoir la Foix, c'est comme croire au père noël

Nouvel air, nouvelle art, nouvelle forme
d'esclavage

Travailler pour un sous-salaire, cruel clivage

Une centaine de plateformes pour des cerveaux
lavages

Atomique ravage, diluvien orage

Toutes ses personnes qui te fixent l'air hautin

Te regardent de haut, style tu es, un moins que
rien

Le partage, l'entre aide, l'ouverture d'esprit

Je veux qu'on se respecte, part de là les écrits.

Stopper la tumeur

Prêt ou pas, il faut se lancer, le cœur froid, avancé

Légal, illégal, des fois il ne faut pas penser

La haine on endosse, même étant consciencieux

Hors limite rien à foutre, toujours ambitieux

Savoir que le pire est à venir, me rends soucieux

Prêt à changer le destin, même avec un silencieux

J'écris la haine, parle rage, cache ma peine attend l'orage

Refoule les vapeurs de charbon regardent le mon en dégradage

L'inconscience nous demeure, l'atmosphère
change ton humeur

On ne peut pas stopper la tumeur, l'homme tue,
l'homme meurt

Il y a ceux qui jalousent et ricane,

Ceux qui jalouse et qui plane

Ceux qui jalouse et profane

Ceux qui jalouse et te canne

Le juge te condamne, le cœur est un organe

On tombe tous en panne parce que tu vois, les
fleurs se fanent

Dans les hauts lieux, bienvenue, le droit de
l'homme est mis à nue

Craque le monde comme l'ONU, bienvenue dans
mon avenue.

<u>A quoi ça sert</u>

A quoi ça sert, rester sincère

Mentir plaire, pour un jour regretter

A quoi ça sert, donner prendre

Surprendre, reprendre

Rependre mensonge

C'est quoi la réalité

Quand je rêve

C'est quoi le rêve

Quand je suis dans la réalité

Quand la nuit s'achève

Est-ce que je me lève

L'existence n'a qu'une distance et peux
d'excitation

Je suis mes propres règles ma propre destination

Rêve de voler comme un aigle, nager tel le
dauphin

Je veux lutter contre la faim à la façon jean Paul
Rufin

Comme toi je souhaite, avoir ce que je n'ai pas

Comme moi tu as peur de ce que tu ne connais
pas

Des fois je veux

Des fois je ne veux pas

Et à cette heure-ci, je ne sais même pas.

Style Crac

La plupart des MC d'ici ne savant pas ce qui est le rap

Crapotent, crachent ça, sans aucune puissance de frappe

Ligne mets des lignes alignes des lignes des strophes comme des bras cassés

Maniement du mic hee, ce sont bien des bras casses

Quand je cause, tu le sens bien un meurtre c'est

Tony c'est la folie, folie dans les blocs odyssée

93 arrondis, St Denis capital

Siège mon QG, Paname sous rafales

Mets ça dans les salles, pour ceux qui aiment
sale

Ceux qui ont la dalle et ceux qui ne sont plus ale

Mon son ce n'est pas de la balle c'est du
plutonium emballé

Comme des terroristes en fuite, si tu les croises
abats-les

En gros et aux détaille, vois grand vise la faille

Te transforme en bétail si tu t'émisses dans mes
bailles

16 me, 16 balles, 16 corps inertes

Itony da, tu peux donner l'alerte

<u>Déshonore</u>

En chair et en os, l'air c'est le souffle

Inspirer le toxique, respirer du souffre

Le sang est essentiel, le silence est d'or

Le saint est irréel, la science est corps

Si la métaphore, est mon état fort

Où est l'anaphore dans l'effet renfort

Métamorphose telle la chenille du sphinx

Gorge de lion, pattes de guépard et l'œil de lynx

Au sommet, de la chaîne alimentaire

Pourtant sous-fifre, de la sphère élémentaire

Plaisir, charnel, objectif, jouissance

Euphorie personnel, culpabilité d'extase

La finance, est synonyme de puissance

Pathétique ou simulacre, choisi ta case

Bouquiner, travailler, pour tuer le temps

Un jour tu réalises que c'est le temps qui te tue

Epiques

Un cœur bousillé, le mental est en acier

Pour les soucis de la vie, laisse-moi être ton bouclier

Plus les jaloux parlent, plus on va briller

Nous sommes meilleurs amis, nous sommes meilleur alliés

On s'est couru après comme la lune et le soleil

Marqué par la foudre, braise et brutal réveil

Ma faiblesse, mon boost, tu es ma merveille

Je t'aime sans limite, je t'aime sans pareil

Je te donne tout de moi comme dans la chanson

Nous sommes faits l'un pour l'autre, tel des notes
de musique

Je veux te regarder, saisons après saisons

A nos actes manqués, a nos instants pudiques

AN 7,

FIN

<u>Remerciement</u>

Mes lectrices, mes lecteurs, infiniment merci car c'est vous, qui me donnez la force de me renouveler.

A mes amis, mes proches pour les encouragements et tous vos retours.

Enfin, à ma grand-mère (ma mère de cœur), mon grand-père (mon père de cœur) et à mon once à qui je dédie cet ouvrage. Reposez en paix, vous me manquez.

DC
Dream—Crime

panamecityheros@hotmail.com
#panamecityheros

©Times Of édition 2023, tous droits réservés.

©Paname City Héros

Lopes Luis

www.ingramcontent.com/pod-product-compliance
Lightning Source LLC
LaVergne TN
LVHW050916200726
843508LV00011B/2204